Écrit par Jean-Pierre Verdet
Illustré par Henri Galeron

Conseil pédagogique :
Madame Braichet-Moerel, présidente nationale
de l'Association Générale des Instituteurs et Institutrices
des Écoles et Classes
Maternelles Publiques.

Conseil éditorial :
Jean-Pierre Verdet,
astronome à l'Observatoire de Paris.

ISBN: 2-07-039717-3.

1er dépôt légal: Novembre 1984. Numéro d'édition: 34996.
Dépôt légal: Fevrier 1985.
Imprimé à la Editoriale Libraria en Italie.
GALLIMARD JEUNESSE

Le ciel, le jour et la nuit

DECOUVERTE BENJAMIN

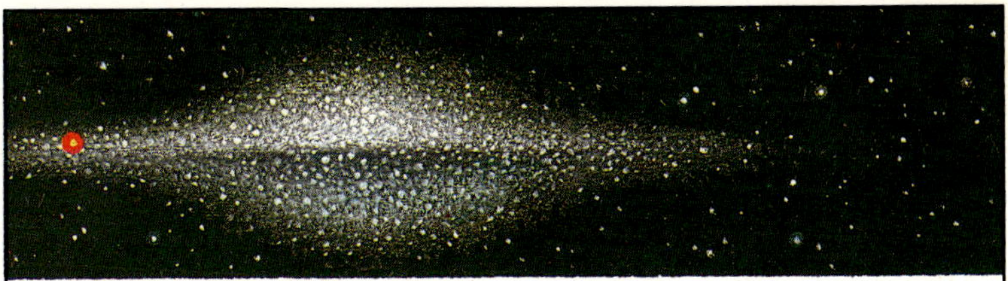

Ce petit cercle rouge indique la place de notre soleil et de la terre dans la Voie lactée.

Voici une belle nuit sans lune.
Le ciel est bien noir, observe-le et profite du merveilleux spectacle qui s'offre à toi.

Ce long ruban clair parmi les étoiles, c'est la Voie lactée.
Elle regroupe des milliards d'étoiles en une roue gigantesque qui tourne sur elle-même. La terre et le soleil se trouvent au bord de cette galaxie.
À certaines époques, un astre brille bien avant les autres quand la nuit tombe : cette "Étoile du Berger" est, en fait, la planète Vénus.

Voici un télescope ; son grand miroir permet aux astronomes de voir des astres que l'œil, seul, ne peut pas voir.

Comme toutes les étoiles, le soleil est une boule de gaz très chauds.

Il se lève à l'est, passe au sud à midi et redescend se coucher vers l'ouest. Le ciel s'assombrit. Voici la nuit. Ainsi, chaque jour, le soleil semble

Pour observer la course du soleil, tourne-toi vers le sud. Tu le verras se lever le matin à l'est.

parcourir un grand morceau de cercle dans le ciel.

À midi, il se trouve au plus haut dans le ciel, en plein sud.

Pourtant, le soleil est immobile. C'est la terre qui tourne sur elle-même en 24 heures.

Et le soir, il se couche à l'ouest.

C'est aussi grâce au soleil que l'année connaît quatre saisons.

Voici le printemps. Il fait doux et la nature se réveille. Les jours sont devenus aussi longs que les nuits. Ils continuent à s'allonger. Chaque midi, le soleil passe un petit peu plus haut dans le ciel. Il fait chaud. C'est l'été. Arrive l'automne : même quand il est au sommet de sa course, le soleil est moins haut au-dessus de l'horizon

qu'en été. Les nuits se font de plus en plus longues. Plus longues que les jours, à mesure que l'hiver approche. Il fait sombre dès cinq heures, l'après-midi. Le soleil s'élève à peine dans le ciel. Le froid est là. La nature s'endort.

Selon les années, les saisons commencent entre le 21 et le 23 du mois de mars pour le printemps, du mois de juin pour l'été, du mois de septembre pour l'automne, du mois de décembre pour l'hiver.

La terre tourne autour du soleil.

Nous nous sentons bien tranquilles sur notre planète. Comme si nous étions immobiles au centre du ciel : c'est ce que les hommes ont cru pendant longtemps.
Pourtant, la terre fait une immense promenade autour du soleil : presque un milliard de kilomètres en un an! Le temps de quatre saisons...

C'est à ce grand voyage que nous devons les saisons. Mais ne crois pas qu'en été la terre soit plus proche du soleil. C'est même le contraire. La chaleur de l'été vient de ce que le soleil est plus haut dans le ciel, de ce que ses rayons tombent plus droits sur nos têtes, de ce qu'il reste plus longtemps au-dessus de l'horizon.

29 jours s'écoulent d'une pleine lune à l'autre.

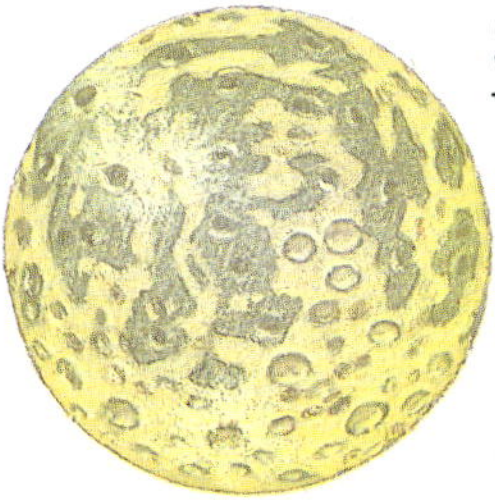

Sans le soleil, nous ne verrions pas la lune !

La lune est froide. La lune ne brille pas d'elle-même, mais de la lumière que lui envoie le soleil. Quand tu la vois bien ronde dans le ciel, tu peux remarquer des taches sombres à sa surface : ce sont de grandes plaines. Les montagnes forment des taches claires.

Depuis que Neil Armstrong a posé le pied sur la lune en 1969, nous connaissons son sol aussi bien que celui de la terre.

3e jour, après la nouvelle lune, 14 h.
La lune tourne autour de la terre comme la terre tourne autour du soleil, et jouent à cache-cache.
5e jour, 16 h.
Tantôt nous voyons toute la face éclairée de la lune, tantôt, un peu de la partie sombre et un peu de la partie éclairée.
7e jour, 18 h.
Ainsi, chaque jour, la lune change d'aspect.

0e jour, 21 h 30.
t chaque jour,
lle passe au
ud à une heure
ifférente.
15e jour, minuit.
C'est la pleine
lune, notre
compagne est à
l'opposé du soleil,
elle apparaît
totalement
éclairée.
18e jour, 3 h.
Le soleil a changé
de côté, la lune
devient
décroissante.

22e jour, 6 h.
24e jour, 8 h.
26e jour, 10 h.
Entre la pleine
lune et la nouvel
lune, l'astre pren
la forme d'un
croissant,
de plus en plus
large ou de plus
en plus étroit.

Voici que la lune passe au sud en même temps que le soleil. Elle est invisible. Elle est noyée dans la pleine lumière du jour. Elle est invisible. C'est la nouvelle lune. La partie de cache-cache dure presque un mois et recommence sans cesse.

On reconnaît les satellites artificiels à ce qu'ils filent vite et tout droit sur le fond des étoiles.

D'étranges points lumineux traversent parfois le ciel. La navette spatiale se voit à l'œil nu lorsqu'elle tourne comme un satellite autour de la terre.

Les comètes sont de petites boules brillantes. Elles traînent un grand panache de lumière. Elles passent près du soleil, puis se retournent et vont se perdre dans l'univers. On en voit rarement.

Les météorites sont des cailloux qui viennent de loin et brûlent dans la couche d'air qui entoure la terre. Certains pèsent plusieurs tonnes.

Les constellations sont les dessins que semblent former certaines étoiles.

Taureau

Les hommes leur ont donné des noms : Orion, Cassiopée, la Grande Ourse. Les plus célèbres sont celles devant lesquelles la terre se promène tout au long de l'année. Elles forment le zodiaque et les astrologues croient qu'elles règlent notre vie. Mais notre vie se moque des étoiles et les étoiles... de notre vie.

Lion

♊	Gémeaux	♒	Verseau	♎	Balance
♉	Taureau	♑	Capricorne	♍	Vierge
♈	Bélier	♐	Sagittaire	♌	Lion
♓	Poissons	♏	Scorpion	♋	Cancer

D'ailleurs chaque astrologue te prédira une vie différente.

Grande Ourse

Comment reconnaître la Grande Ourse?

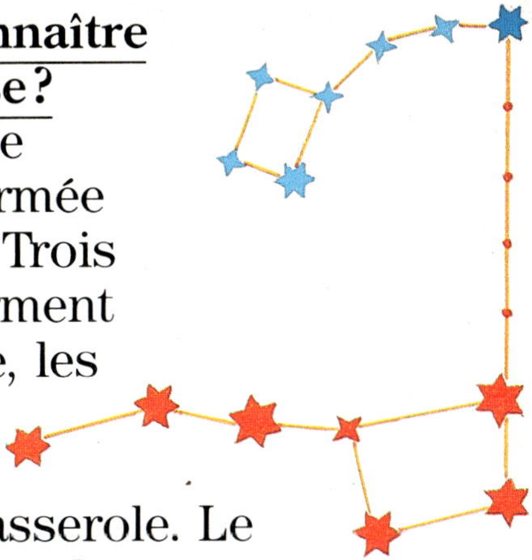

C'est une grande constellation formée de sept étoiles. Trois d'entre elles forment une ligne brisée, les quatre autres un rectangle : on dirait une casserole. Le bord de la casserole t'indique la direction de l'Étoile polaire qui se trouve à une distance égale à cinq fois la hauteur de la casserole. L'Étoile polaire est le point fixe du ciel autour duquel toutes les autres étoiles semblent tourner. Elle se trouve au bout du manche de cette autre casserole, plus petite, qu'on appelle la Petite Ourse.

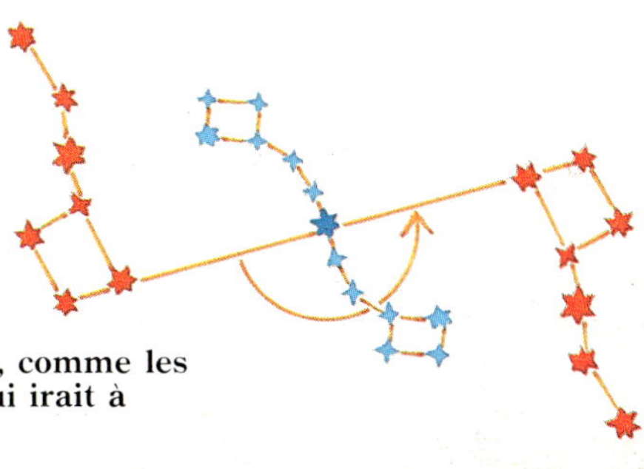

Grande et Petite Ourse tournent chaque nuit autour de l'Étoile polaire, comme les aiguilles d'une montre qui irait à l'envers.

HB-YAZ

Le vent est un immense courant d'air.

Pour que les montgolfières s'envolent, on les gonfle d'air chaud qui les allège.

Plus l'air s'agite et plus le vent souffle fort. Mais qu'est-ce qui crée cette agitation ? Quand l'air est chaud, il est plus léger et se sauve vers le haut. De l'air plus froid le remplace aussitôt et la danse continue : l'air chaud et l'air froid se bousculent et se délogent tour à tour.

Le vent souffle-t-il sans arrêt ?

Parfois au sol, l'air est calme. La fumée monte droit au-dessus des cheminées. Là-haut, pourtant, les nuages filent. En effet, il y a du vent très haut dans l'atmosphère.

Il y a de l'eau dans l'air, dans les cours d'eau, sur les montagnes enneigées, mais surtout dans les mers et les océans qui recouvrent plus de la moitié de la surface du globe.

La ronde de la pluie : la pluie tombe et retourne à la rivière, la rivière s'écoule vers la mer. L'eau s'évapore au-dessus de la mer et d'autres nuages se forment : l'eau de la terre n'est jamais perdue !

D'où viennent les nuages ?

Le soleil chauffe l'eau des océans et l'évapore. Elle monte alors dans le ciel et forme les nuages. Et les nuages la rendent à la terre par la pluie, la neige, la grêle.

D'où vient la pluie?

Des nuages qui transportent de la vapeur d'eau que le soleil a fait monter dans l'air. Et quand le vent pousse les nuages vers de l'air froid, la vapeur d'eau se refroidit et devient des gouttelettes d'eau qui tombent : c'est la pluie.

Comment reconnaître les nuages?

Les stratus sont en couches minces, **les cirrus** ont la forme de flocons, **les cumulus,** celle d'une boule.
Le nom des nuages qui naviguent au-dessus de 6000 mètres commence par "cirro", par "strato" quand ils sont vers 2000 mètres, et par "alto" quand ils restent entre 2000 et 6000 mètres.

1. Cirro-stratus, 2. Alto-cumulus, 3. Cumulo-nimbus, nuage d'orage, 4. Cumulus.

De gros cumulo-nimbus noircissent le ciel ; l'orage est proche.

Le vent se lève et dans les nuages, les gouttes d'eau montent et descendent. Tous ces mouvements chargent les nuages d'électricité. Des étincelles jaillissent en zigzag : voici les éclairs. Un bruit énorme éclate : voilà le tonnerre. La pluie tombe. Vite, il faut rentrer à la maison.

La foudre est attirée par un clocher, un rocher pointu, un arbre ou même l'eau. Les paratonnerres sont des antennes qui protègent les maisons de la foudre. Ne t'abrite jamais sous un arbre isolé.

Les étoiles de neige.

Si l'air est tout à coup encore plus froid, les nuages se refroidissent et les gouttelettes d'eau qu'ils transportent se transforment en aiguilles de glace. En tombant, les aiguilles se collent et forment des étoiles. Quand les étoiles s'accrochent entre elles, elles forment des flocons, voici la neige ! Mais il arrive aussi que les gouttelettes deviennent des grêlons ronds comme des petits cailloux.

Pour qu'il neige, il faut que la température descende en dessous de 0 degré. Sinon, c'est la pluie qui tombe.

La terre aime le soleil
Et elle tourne
Pour se faire admirer
Et le soleil la trouve belle
Et il brille sur elle ;
Et quand il est fatigué
Il va se coucher
Et la lune se lève...

Jacques Prévert
Poésies.
Éd. Gallimard.

Une étoile plus blanche qu'une autre
Se décroche et fond sur nous
Rapidement.

La terre s'apprête à la recevoir.

Des fleurs dans les vases,
De l'eau dans le ciel,
De l'air dans les arbres,
Du feu dans le vent.

L'étoile descend,
Cesse d'être blanche,
Cesse d'être étoile
Et d'être pour nous.

Et depuis la terre la cherche.

Jean Tortel
Du jour et de la nuit.
Éd. Vigneau.